... pour ne pas perdre le Nord...

CARNET DE BALADES

Lydia MONTIGNY

Carnet de Balades

© 2021 Lydia MONTIGNY

Édition : BoD – Books on Demand,
12/14 rond-point des Champs-Élysées, 75008 Paris
Impression : BoD - Books on Demand, Norderstedt, Allemagne

ISBN : 978-2-3223-9799-0
Dépôt légal : Novembre 2021

Ce carnet appartient à :

....

Dans la Collection des Petits Carnets :

- **Carnet Magique (VIII 2021)**
- **Carnet de Lectures (VIII 2021)**
- **Carnet du 7ème Art (VIII 2021)**
- **Carnet de Rêves (X 2021)**

TITRE : ....

Date : ………. /………. /……….

Lieu : ....

Coordonnées GPS : ....

....

Moyens : à pied, vélo, moto, cheval, voiture, bateau, avion, train, car, autres ....

Avec qui : ....

....

Durée prévue : .... Réalisée : ....

Trajet prévu : ....

....

Trajet réalisé : ....

....

Météo : ....

Adresses Logis/Resto : ....

....

....

Comment avez-vous eu connaissance de cette balade :

....

Note : ………./……….

A voir : ……………………………………………………………………………
……………………………………………………………………………………
……………………………………………………………………………………
……………………………………………………………………………………
……………………………………………………………………………………
……………………………………………………………………………………
……………………………………………………………………………………
……………………………………………………………………………………

Anecdotes : ………………………………………………………………………
……………………………………………………………………………………
……………………………………………………………………………………
……………………………………………………………………………………
……………………………………………………………………………………
……………………………………………………………………………………
……………………………………………………………………………………
……………………………………………………………………………………

Prévoir : …………………………………………………………………………
……………………………………………………………………………………
……………………………………………………………………………………

TITRE : ……………………………………………………………………

Date : ………. / ………. / ……….

Lieu : …………………………………………………………………………….

Coordonnées GPS : ……………………………………………………..
……………………………………………………………………………………

Moyens : à pied, vélo, moto, cheval, voiture, bateau, avion, train, car, autres ……………………………………………………………………………

Avec qui : ………………………………………………………………………
……………………………………………………………………………………

Durée prévue : ……………………… Réalisée : ………………………

Trajet prévu : ………………………………………………………………
……………………………………………………………………………………

Trajet réalisé : ……………………………………………………………..
……………………………………………………………………………………

Météo : ………………………………………………………………………..

Adresses Logis/Resto : …………………………………………………..
……………………………………………………………………………………
……………………………………………………………………………………

Comment avez-vous eu connaissance de cette balade :

……………………………………………………………………………………

Note : ………./……….

A voir : ……………………………………………………………………
………………………………………………………………………………
………………………………………………………………………………
………………………………………………………………………………
………………………………………………………………………………
………………………………………………………………………………
………………………………………………………………………………
………………………………………………………………………………

Anecdotes : …………………………………………………………………
………………………………………………………………………………
………………………………………………………………………………
………………………………………………………………………………
………………………………………………………………………………
………………………………………………………………………………
………………………………………………………………………………
………………………………………………………………………………
………………………………………………………………………………

Prévoir : ……………………………………………………………………
………………………………………………………………………………
………………………………………………………………………………

TITRE : ....

Date : ………. /………. /……….

Lieu : ....

Coordonnées GPS : ....

....

Moyens : à pied, vélo, moto, cheval, voiture, bateau, avion, train, car, autres ....

Avec qui : ....

....

Durée prévue : .... Réalisée : ....

Trajet prévu : ....

....

Trajet réalisé : ....

....

Météo : ....

Adresses Logis/Resto : ....

....

....

Comment avez-vous eu connaissance de cette balade :

....

Note : ………./……….

A voir : ………………………………………………………………………
……………………………………………………………………………………
……………………………………………………………………………………
……………………………………………………………………………………
……………………………………………………………………………………
……………………………………………………………………………………
……………………………………………………………………………………
……………………………………………………………………………………

Anecdotes : …………………………………………………………………
……………………………………………………………………………………
……………………………………………………………………………………
……………………………………………………………………………………
……………………………………………………………………………………
……………………………………………………………………………………
……………………………………………………………………………………
……………………………………………………………………………………
……………………………………………………………………………………

Prévoir : ……………………………………………………………………
……………………………………………………………………………………
……………………………………………………………………………………

TITRE : ……………………………………………………………………

Date : ………. / ………. / ……….

Lieu : …………………………………………………………………………

Coordonnées GPS : …………………………………………………

………………………………………………………………………………………

Moyens : à pied, vélo, moto, cheval, voiture, bateau, avion, train, car, autres ……………………………………………………………………………

Avec qui : ………………………………………………………………

………………………………………………………………………………………

Durée prévue : ……………………… Réalisée : ……………………

Trajet prévu : …………………………………………………………

………………………………………………………………………………………

Trajet réalisé : …………………………………………………………

………………………………………………………………………………………

Météo : ……………………………………………………………………

Adresses Logis/Resto : ……………………………………………

………………………………………………………………………………………

………………………………………………………………………………………

Comment avez-vous eu connaissance de cette balade :

………………………………………………………………………………………

Note : ………./……….

A voir : ……………………………………………………………………………
……………………………………………………………………………………
……………………………………………………………………………………
……………………………………………………………………………………
……………………………………………………………………………………
……………………………………………………………………………………
……………………………………………………………………………………
……………………………………………………………………………………

Anecdotes : ………………………………………………………………………
……………………………………………………………………………………
……………………………………………………………………………………
……………………………………………………………………………………
……………………………………………………………………………………
……………………………………………………………………………………
……………………………………………………………………………………
……………………………………………………………………………………

Prévoir : …………………………………………………………………………
……………………………………………………………………………………
……………………………………………………………………………………

TITRE : ....

Date : ………. /………. /……….

Lieu : ....

Coordonnées GPS : ....

....

Moyens : à pied, vélo, moto, cheval, voiture, bateau, avion, train, car, autres ....

Avec qui : ....

....

Durée prévue : ………………………… Réalisée : ……………………………

Trajet prévu : ....

....

Trajet réalisé : ....

....

Météo : ....

Adresses Logis/Resto : ....

....

....

Comment avez-vous eu connaissance de cette balade :

....

Note : ………./……….

A voir : ……………………………………………………………………………
………………………………………………………………………………………
………………………………………………………………………………………
………………………………………………………………………………………
………………………………………………………………………………………
………………………………………………………………………………………
………………………………………………………………………………………
………………………………………………………………………………………

Anecdotes : ………………………………………………………………………
………………………………………………………………………………………
………………………………………………………………………………………
………………………………………………………………………………………
………………………………………………………………………………………
………………………………………………………………………………………
………………………………………………………………………………………
………………………………………………………………………………………
………………………………………………………………………………………

Prévoir : …………………………………………………………………………
………………………………………………………………………………………
………………………………………………………………………………………

TITRE : ....

Date : ………. / ………. / ……….

Lieu : ....

Coordonnées GPS : ....

....

Moyens : à pied, vélo, moto, cheval, voiture, bateau, avion, train, car, autres ....

Avec qui : ....

....

Durée prévue : .... Réalisée : ....

Trajet prévu : ....

....

Trajet réalisé : ....

....

Météo : ....

Adresses Logis/Resto : ....

....

....

Comment avez-vous eu connaissance de cette balade :

....

Note : ………./……….

A voir : ……………………………………………………………………………
……………………………………………………………………………………
……………………………………………………………………………………
……………………………………………………………………………………
……………………………………………………………………………………
……………………………………………………………………………………
……………………………………………………………………………………
……………………………………………………………………………………

Anecdotes : ………………………………………………………………………
……………………………………………………………………………………
……………………………………………………………………………………
……………………………………………………………………………………
……………………………………………………………………………………
……………………………………………………………………………………
……………………………………………………………………………………
……………………………………………………………………………………
……………………………………………………………………………………

Prévoir : …………………………………………………………………………
……………………………………………………………………………………
……………………………………………………………………………………

TITRE : ....

Date : ………. / ………. / ……….

Lieu : ....

Coordonnées GPS : ....

....

Moyens : à pied, vélo, moto, cheval, voiture, bateau, avion, train, car, autres ....

Avec qui : ....

....

Durée prévue : ………………………… Réalisée : …………………………

Trajet prévu : ....

....

Trajet réalisé : ....

....

Météo : ....

Adresses Logis/Resto : ....

....

....

Comment avez-vous eu connaissance de cette balade :

....

Note : ………./……….

A voir : ....
....
....
....
....
....
....
....

Anecdotes : ....
....
....
....
....
....
....
....
....

Prévoir : ....
....
....

TITRE : ....

Date : ………. /………. /……….

Lieu : ....

Coordonnées GPS : ....
....

Moyens : à pied, vélo, moto, cheval, voiture, bateau, avion, train, car, autres ....

Avec qui : ....
....

Durée prévue : ……………………… Réalisée : ………………………

Trajet prévu : ....
....

Trajet réalisé : ....
....

Météo : ....

Adresses Logis/Resto : ....
....
....

Comment avez-vous eu connaissance de cette balade :
....

Note : ………./……….

A voir : ....
....
....
....
....
....
....
....

Anecdotes : ....
....
....
....
....
....
....
....
....

Prévoir : ....
....
....

TITRE : ……………………………………………………………………………

Date : ………. /………. /……….

Lieu : …………………………………………………………………………………

Coordonnées GPS : …………………………………………………………

……………………………………………………………………………………………

Moyens : à pied, vélo, moto, cheval, voiture, bateau, avion, train, car, autres …………………………………………………………………………

Avec qui : ………………………………………………………………………

……………………………………………………………………………………………

Durée prévue : ……………………… Réalisée : ………………………

Trajet prévu : …………………………………………………………………

……………………………………………………………………………………………

Trajet réalisé : …………………………………………………………………

……………………………………………………………………………………………

Météo : ……………………………………………………………………………

Adresses Logis/Resto : ……………………………………………………

……………………………………………………………………………………………

……………………………………………………………………………………………

Comment avez-vous eu connaissance de cette balade :

……………………………………………………………………………………………

Note : ………./……….

A voir : ……………………………………………………………………
………………………………………………………………………………
………………………………………………………………………………
………………………………………………………………………………
………………………………………………………………………………
………………………………………………………………………………
………………………………………………………………………………
………………………………………………………………………………

Anecdotes : ……………………………………………………………
………………………………………………………………………………
………………………………………………………………………………
………………………………………………………………………………
………………………………………………………………………………
………………………………………………………………………………
………………………………………………………………………………
………………………………………………………………………………

Prévoir : ………………………………………………………………
………………………………………………………………………………
………………………………………………………………………………

TITRE : ……………………………………………………………

Date : ………. /………. /……….

Lieu : ………………………………………………………………….

Coordonnées GPS : ……………………………………………

……………………………………………………………………………

Moyens : à pied, vélo, moto, cheval, voiture, bateau, avion, train, car, autres ……………………………………………………………………

Avec qui : ………………………………………………………….

……………………………………………………………………………

Durée prévue : ……………………… Réalisée : ………………………

Trajet prévu : …………………………………………………….

……………………………………………………………………………

Trajet réalisé : ……………………………………………………

……………………………………………………………………………

Météo : ……………………………………………………………..

Adresses Logis/Resto : ………………………………………..

……………………………………………………………………………

……………………………………………………………………………

Comment avez-vous eu connaissance de cette balade :

……………………………………………………………………………

Note : ………./……….

A voir : ....
....
....
....
....
....
....
....

Anecdotes : ....
....
....
....
....
....
....
....
....

Prévoir : ....
....
....

TITRE : ....

Date : ………. /………. /……….

Lieu : ....

Coordonnées GPS : ....

....

Moyens : à pied, vélo, moto, cheval, voiture, bateau, avion, train, car, autres ....

Avec qui : ....

....

Durée prévue : ………………………… Réalisée : ……………………………

Trajet prévu : ....

....

Trajet réalisé : ....

....

Météo : ....

Adresses Logis/Resto : ....

....

....

Comment avez-vous eu connaissance de cette balade :

....

Note : ………./……….

A voir : ……………………………………………………………………………
………………………………………………………………………………………
………………………………………………………………………………………
………………………………………………………………………………………
………………………………………………………………………………………
………………………………………………………………………………………
………………………………………………………………………………………
………………………………………………………………………………………

Anecdotes : ………………………………………………………………………
………………………………………………………………………………………
………………………………………………………………………………………
………………………………………………………………………………………
………………………………………………………………………………………
………………………………………………………………………………………
………………………………………………………………………………………
………………………………………………………………………………………
………………………………………………………………………………………

Prévoir : …………………………………………………………………………
………………………………………………………………………………………
………………………………………………………………………………………

TITRE : ....

Date : ………. /………. /……….

Lieu : ....

Coordonnées GPS : ....

....

Moyens : à pied, vélo, moto, cheval, voiture, bateau, avion, train, car, autres ....

Avec qui : ....

....

Durée prévue : ………………………… Réalisée : …………………………

Trajet prévu : ....

....

Trajet réalisé : ....

....

Météo : ....

Adresses Logis/Resto : ....

....

....

Comment avez-vous eu connaissance de cette balade :

....

Note : ………./……….

A voir : ....
....
....
....
....
....
....
....

Anecdotes : ....
....
....
....
....
....
....
....
....

Prévoir : ....
....
....

TITRE : ....

Date : ………. /………. /……….

Lieu : ....

Coordonnées GPS : ....

....

Moyens : à pied, vélo, moto, cheval, voiture, bateau, avion, train, car, autres ....

Avec qui : ....

....

Durée prévue : ………………………… Réalisée : ……………………………

Trajet prévu : ....

....

Trajet réalisé : ....

....

Météo : ....

Adresses Logis/Resto : ....

....

....

Comment avez-vous eu connaissance de cette balade :

....

Note : ………./……….

A voir : ……………………………………………………………………………
……………………………………………………………………………………
……………………………………………………………………………………
……………………………………………………………………………………
……………………………………………………………………………………
……………………………………………………………………………………
……………………………………………………………………………………
……………………………………………………………………………………

Anecdotes : …………………………………………………………………….
……………………………………………………………………………………
……………………………………………………………………………………
……………………………………………………………………………………
……………………………………………………………………………………
……………………………………………………………………………………
……………………………………………………………………………………
……………………………………………………………………………………

Prévoir : ………………………………………………………………………….
……………………………………………………………………………………
……………………………………………………………………………………

TITRE : ....

Date : ………. /………. /……….

Lieu : ....

Coordonnées GPS : ....

....

Moyens : à pied, vélo, moto, cheval, voiture, bateau, avion, train, car, autres ....

Avec qui : ....

....

Durée prévue : ……………………… Réalisée : ………………………….

Trajet prévu : ....

....

Trajet réalisé : ....

....

Météo : ....

Adresses Logis/Resto : ....

....

....

Comment avez-vous eu connaissance de cette balade :

....

Note : ………./……….

A voir : ……………………………………………………………………………
………………………………………………………………………………………
………………………………………………………………………………………
………………………………………………………………………………………
………………………………………………………………………………………
………………………………………………………………………………………
………………………………………………………………………………………
………………………………………………………………………………………
Anecdotes : ………………………………………………………………………
………………………………………………………………………………………
………………………………………………………………………………………
………………………………………………………………………………………
………………………………………………………………………………………
………………………………………………………………………………………
………………………………………………………………………………………
………………………………………………………………………………………
………………………………………………………………………………………
Prévoir : …………………………………………………………………………
………………………………………………………………………………………
………………………………………………………………………………………

TITRE : ....

Date : ………. /………. /……….

Lieu : ....

Coordonnées GPS : ....

....

Moyens : à pied, vélo, moto, cheval, voiture, bateau, avion, train, car, autres ....

Avec qui : ....

....

Durée prévue : .... Réalisée : ....

Trajet prévu : ....

....

Trajet réalisé : ....

....

Météo : ....

Adresses Logis/Resto : ....

....

....

Comment avez-vous eu connaissance de cette balade :

....

Note : ………./……….

A voir : ....
....
....
....
....
....
....
....
Anecdotes : ....
....
....
....
....
....
....
....
Prévoir : ....
....
....

TITRE : ....

Date : ………. /………. /……….

Lieu : ....

Coordonnées GPS : ....

....

Moyens : à pied, vélo, moto, cheval, voiture, bateau, avion, train, car, autres ....

Avec qui : ....

....

Durée prévue : ………………………… Réalisée : …………………………

Trajet prévu : ....

....

Trajet réalisé : ....

....

Météo : ....

Adresses Logis/Resto : ....

....

....

Comment avez-vous eu connaissance de cette balade :

....

Note : ………./……….

A voir : ……………………………………………………………………………
…………………………………………………………………………………………
…………………………………………………………………………………………
…………………………………………………………………………………………
…………………………………………………………………………………………
…………………………………………………………………………………………
…………………………………………………………………………………………
…………………………………………………………………………………………

Anecdotes : ………………………………………………………………………
…………………………………………………………………………………………
…………………………………………………………………………………………
…………………………………………………………………………………………
…………………………………………………………………………………………
…………………………………………………………………………………………
…………………………………………………………………………………………
…………………………………………………………………………………………

Prévoir : …………………………………………………………………………
…………………………………………………………………………………………
…………………………………………………………………………………………

TITRE : ....

Date : ………. /………. /……….

Lieu : ....

Coordonnées GPS : ....

....

Moyens : à pied, vélo, moto, cheval, voiture, bateau, avion, train, car, autres ....

Avec qui : ....

....

Durée prévue : ……………………… Réalisée : ……………………..

Trajet prévu : ....

....

Trajet réalisé : ....

....

Météo : ....

Adresses Logis/Resto : ....

....

....

Comment avez-vous eu connaissance de cette balade :

....

Note : ………./……….

A voir : …………………………………………………………………………………
………………………………………………………………………………………………
………………………………………………………………………………………………
………………………………………………………………………………………………
………………………………………………………………………………………………
………………………………………………………………………………………………
………………………………………………………………………………………………
………………………………………………………………………………………………

Anecdotes : ……………………………………………………………………………
………………………………………………………………………………………………
………………………………………………………………………………………………
………………………………………………………………………………………………
………………………………………………………………………………………………
………………………………………………………………………………………………
………………………………………………………………………………………………
………………………………………………………………………………………………

Prévoir : ………………………………………………………………………………
………………………………………………………………………………………………
………………………………………………………………………………………………

TITRE : ....

Date : ………. /………. /……….

Lieu : ....

Coordonnées GPS : ....

....

Moyens : à pied, vélo, moto, cheval, voiture, bateau, avion, train, car, autres ....

Avec qui : ....

....

Durée prévue : .... Réalisée : ....

Trajet prévu : ....

....

Trajet réalisé : ....

....

Météo : ....

Adresses Logis/Resto : ....

....

....

Comment avez-vous eu connaissance de cette balade :

....

Note : ………./……….

A voir : ………………………………………………………………………………
………………………………………………………………………………………
………………………………………………………………………………………
………………………………………………………………………………………
………………………………………………………………………………………
………………………………………………………………………………………
………………………………………………………………………………………
………………………………………………………………………………………

Anecdotes : …………………………………………………………………………
………………………………………………………………………………………
………………………………………………………………………………………
………………………………………………………………………………………
………………………………………………………………………………………
………………………………………………………………………………………
………………………………………………………………………………………
………………………………………………………………………………………

Prévoir : ……………………………………………………………………………
………………………………………………………………………………………
………………………………………………………………………………………

TITRE : ....

Date : ………. /………. /……….

Lieu : ....

Coordonnées GPS : ....

....

Moyens : à pied, vélo, moto, cheval, voiture, bateau, avion, train, car, autres ....

Avec qui : ....

....

Durée prévue : ………………………… Réalisée : ……………………………

Trajet prévu : ....

....

Trajet réalisé : ....

....

Météo : ....

Adresses Logis/Resto : ....

....

....

Comment avez-vous eu connaissance de cette balade :

....

Note : ………./……….

A voir : …………………………………………………………………………………
…………………………………………………………………………………………
…………………………………………………………………………………………
…………………………………………………………………………………………
…………………………………………………………………………………………
…………………………………………………………………………………………
…………………………………………………………………………………………
…………………………………………………………………………………………

Anecdotes : ……………………………………………………………………………
…………………………………………………………………………………………
…………………………………………………………………………………………
…………………………………………………………………………………………
…………………………………………………………………………………………
…………………………………………………………………………………………
…………………………………………………………………………………………
…………………………………………………………………………………………

Prévoir : ………………………………………………………………………………
…………………………………………………………………………………………
…………………………………………………………………………………………

TITRE : ....

Date : ………. /………. /……….

Lieu : ....

Coordonnées GPS : ....

....

Moyens : à pied, vélo, moto, cheval, voiture, bateau, avion, train, car, autres ....

Avec qui : ....

....

Durée prévue : ……………………… Réalisée : ………………………

Trajet prévu : ....

....

Trajet réalisé : ....

....

Météo : ....

Adresses Logis/Resto : ....

....

....

Comment avez-vous eu connaissance de cette balade :

....

Note : ………./……….

A voir : …………………………………………………………………………
………………………………………………………………………………………
………………………………………………………………………………………
………………………………………………………………………………………
………………………………………………………………………………………
………………………………………………………………………………………
………………………………………………………………………………………
………………………………………………………………………………………

Anecdotes : ……………………………………………………………………
………………………………………………………………………………………
………………………………………………………………………………………
………………………………………………………………………………………
………………………………………………………………………………………
………………………………………………………………………………………
………………………………………………………………………………………
………………………………………………………………………………………

Prévoir : ………………………………………………………………………
………………………………………………………………………………………
………………………………………………………………………………………

TITRE : ……………………………………………………………………..

Date : ………. /………. /……….

Lieu : …………………………………………………………………………..

Coordonnées GPS : ……………………………………………………….

…………………………………………………………………………………..

Moyens : à pied, vélo, moto, cheval, voiture, bateau, avion, train, car, autres …………………………………………………………………………

Avec qui : ……………………………………………………………………

…………………………………………………………………………………..

Durée prévue : ……………………… Réalisée : ……………………..

Trajet prévu : ……………………………………………………………..

…………………………………………………………………………………..

Trajet réalisé : ……………………………………………………………..

…………………………………………………………………………………..

Météo : ………………………………………………………………………..

Adresses Logis/Resto : …………………………………………………..

…………………………………………………………………………………..

…………………………………………………………………………………..

Comment avez-vous eu connaissance de cette balade :

…………………………………………………………………………………..

Note : ………./……….

A voir : …………………………………………………………………………
……………………………………………………………………………………
……………………………………………………………………………………
……………………………………………………………………………………
……………………………………………………………………………………
……………………………………………………………………………………
……………………………………………………………………………………
……………………………………………………………………………………

Anecdotes : ………………………………………………………………………
……………………………………………………………………………………
……………………………………………………………………………………
……………………………………………………………………………………
……………………………………………………………………………………
……………………………………………………………………………………
……………………………………………………………………………………
……………………………………………………………………………………

Prévoir : …………………………………………………………………………
……………………………………………………………………………………
……………………………………………………………………………………

TITRE : ....

Date : ………. /………. /……….

Lieu : ....

Coordonnées GPS : ....

....

Moyens : à pied, vélo, moto, cheval, voiture, bateau, avion, train, car, autres ....

Avec qui : ....

....

Durée prévue : ………………………… Réalisée : ……………………….

Trajet prévu : ....

....

Trajet réalisé : ....

....

Météo : ....

Adresses Logis/Resto : ....

....

....

Comment avez-vous eu connaissance de cette balade :

....

Note : ………./……….

A voir : ……………………………………………………………………………
……………………………………………………………………………………
……………………………………………………………………………………
……………………………………………………………………………………
……………………………………………………………………………………
……………………………………………………………………………………
……………………………………………………………………………………
……………………………………………………………………………………

Anecdotes : ……………………………………………………………………
……………………………………………………………………………………
……………………………………………………………………………………
……………………………………………………………………………………
……………………………………………………………………………………
……………………………………………………………………………………
……………………………………………………………………………………
……………………………………………………………………………………

Prévoir : ………………………………………………………………………
……………………………………………………………………………………
……………………………………………………………………………………

TITRE : ....

Date : ………. /………. /……….

Lieu : ....

Coordonnées GPS : ....

....

Moyens : à pied, vélo, moto, cheval, voiture, bateau, avion, train, car, autres ....

Avec qui : ....

....

Durée prévue : ……………………… Réalisée : ……………………

Trajet prévu : ....

....

Trajet réalisé : ....

....

Météo : ....

Adresses Logis/Resto : ....

....

....

Comment avez-vous eu connaissance de cette balade :

....

Note : ………./……….

A voir : …………………………………………………………………………………
………………………………………………………………………………………………
………………………………………………………………………………………………
………………………………………………………………………………………………
………………………………………………………………………………………………
………………………………………………………………………………………………
………………………………………………………………………………………………
………………………………………………………………………………………………

Anecdotes : ……………………………………………………………………………
………………………………………………………………………………………………
………………………………………………………………………………………………
………………………………………………………………………………………………
………………………………………………………………………………………………
………………………………………………………………………………………………
………………………………………………………………………………………………
………………………………………………………………………………………………

Prévoir : ………………………………………………………………………………
………………………………………………………………………………………………
………………………………………………………………………………………………

TITRE : ....

Date : ………. /………. /……….

Lieu : ……………………………………………………………………..

Coordonnées GPS : ……………………………………………………

………………………………………………………………………………..

Moyens : à pied, vélo, moto, cheval, voiture, bateau, avion, train, car, autres ……………………………………………………………………

Avec qui : ………………………………………………………………..

………………………………………………………………………………..

Durée prévue : ……………………… Réalisée : …………………..

Trajet prévu : …………………………………………………………..

………………………………………………………………………………..

Trajet réalisé : ………………………………………………………….

………………………………………………………………………………..

Météo : …………………………………………………………………..

Adresses Logis/Resto : ………………………………………………..

………………………………………………………………………………..

………………………………………………………………………………..

Comment avez-vous eu connaissance de cette balade :

………………………………………………………………………………..

Note : ………./……….

A voir : ……………………………………………………………………………
……………………………………………………………………………………
……………………………………………………………………………………
……………………………………………………………………………………
……………………………………………………………………………………
……………………………………………………………………………………
……………………………………………………………………………………
……………………………………………………………………………………

Anecdotes : ………………………………………………………………………
……………………………………………………………………………………
……………………………………………………………………………………
……………………………………………………………………………………
……………………………………………………………………………………
……………………………………………………………………………………
……………………………………………………………………………………
……………………………………………………………………………………

Prévoir : …………………………………………………………………………
……………………………………………………………………………………
……………………………………………………………………………………

TITRE : ………………………………………………………………………..

Date : ………. /………. /……….

Lieu : …………………………………………………………………………..

Coordonnées GPS : ……………………………………………………

……………………………………………………………………………………..

Moyens : à pied, vélo, moto, cheval, voiture, bateau, avion, train, car, autres …………………………………………………………………………………

Avec qui : …………………………………………………………………..

……………………………………………………………………………………..

Durée prévue : ……………………… Réalisée : ………………………..

Trajet prévu : ……………………………………………………………..

……………………………………………………………………………………..

Trajet réalisé : …………………………………………………………….

……………………………………………………………………………………..

Météo : ……………………………………………………………………….

Adresses Logis/Resto : ………………………………………………..

……………………………………………………………………………………..

……………………………………………………………………………………..

Comment avez-vous eu connaissance de cette balade :

……………………………………………………………………………………..

Note : ………./……….

A voir : ……………………………………………………………………………
……………………………………………………………………………………
……………………………………………………………………………………
……………………………………………………………………………………
……………………………………………………………………………………
……………………………………………………………………………………
……………………………………………………………………………………
……………………………………………………………………………………

Anecdotes : ………………………………………………………………………
……………………………………………………………………………………
……………………………………………………………………………………
……………………………………………………………………………………
……………………………………………………………………………………
……………………………………………………………………………………
……………………………………………………………………………………
……………………………………………………………………………………

Prévoir : …………………………………………………………………………
……………………………………………………………………………………
……………………………………………………………………………………

TITRE : ……………………………………………………………………

Date : ………. /………. /……….

Lieu : …………………………………………………………………………..

Coordonnées GPS : ……………………………………………………

………………………………………………………………………………….

Moyens : à pied, vélo, moto, cheval, voiture, bateau, avion, train, car, autres ……………………………………………………………………

Avec qui : ………………………………………………………………….

………………………………………………………………………………….

Durée prévue : ……………………… Réalisée : ……………………

Trajet prévu : ……………………………………………………………

………………………………………………………………………………….

Trajet réalisé : ……………………………………………………………

………………………………………………………………………………….

Météo : ……………………………………………………………………..

Adresses Logis/Resto : ………………………………………………

………………………………………………………………………………….

………………………………………………………………………………….

Comment avez-vous eu connaissance de cette balade :

………………………………………………………………………………….

Note : ………./……….

A voir : ....
....
....
....
....
....
....
....

Anecdotes : ....
....
....
....
....
....
....
....
....

Prévoir : ....
....
....

TITRE : ....

Date : ………. /………. /……….

Lieu : ....

Coordonnées GPS : ....

....

Moyens : à pied, vélo, moto, cheval, voiture, bateau, avion, train, car, autres ....

Avec qui : ....

....

Durée prévue : ………………………… Réalisée : ……………………

Trajet prévu : ....

....

Trajet réalisé : ....

....

Météo : ....

Adresses Logis/Resto : ....

....

....

Comment avez-vous eu connaissance de cette balade :

....

Note : ………./……….

A voir : …………………………………………………………………………

……………………………………………………………………………………

……………………………………………………………………………………

……………………………………………………………………………………

……………………………………………………………………………………

……………………………………………………………………………………

……………………………………………………………………………………

……………………………………………………………………………………

Anecdotes : ………………………………………………………………………

……………………………………………………………………………………

……………………………………………………………………………………

……………………………………………………………………………………

……………………………………………………………………………………

……………………………………………………………………………………

……………………………………………………………………………………

……………………………………………………………………………………

Prévoir : …………………………………………………………………………

……………………………………………………………………………………

……………………………………………………………………………………

TITRE : ....

Date : ………. /………. /……….

Lieu : ....

Coordonnées GPS : ....

....

Moyens : à pied, vélo, moto, cheval, voiture, bateau, avion, train, car, autres ....

Avec qui : ....

....

Durée prévue : ………………………… Réalisée : ……………………………

Trajet prévu : ....

....

Trajet réalisé : ....

....

Météo : ....

Adresses Logis/Resto : ....

....

....

Comment avez-vous eu connaissance de cette balade :

....

Note : ………./……….

A voir : ……………………………………………………………………
……………………………………………………………………………
……………………………………………………………………………
……………………………………………………………………………
……………………………………………………………………………
……………………………………………………………………………
……………………………………………………………………………
……………………………………………………………………………

Anecdotes : ………………………………………………………………
……………………………………………………………………………
……………………………………………………………………………
……………………………………………………………………………
……………………………………………………………………………
……………………………………………………………………………
……………………………………………………………………………
……………………………………………………………………………

Prévoir : …………………………………………………………………
……………………………………………………………………………
……………………………………………………………………………

TITRE : ....

Date : ………. /………. /……….

Lieu : ....

Coordonnées GPS : ....

....

Moyens : à pied, vélo, moto, cheval, voiture, bateau, avion, train, car, autres ....

Avec qui : ....

....

Durée prévue : ……………………… Réalisée : ……………………

Trajet prévu : ....

....

Trajet réalisé : ....

....

Météo : ....

Adresses Logis/Resto : ....

....

....

Comment avez-vous eu connaissance de cette balade :

....

Note : ………./……….

A voir : ……………………………………………………………………
…………………………………………………………………………………
…………………………………………………………………………………
…………………………………………………………………………………
…………………………………………………………………………………
…………………………………………………………………………………
…………………………………………………………………………………
…………………………………………………………………………………

Anecdotes : ………………………………………………………………
…………………………………………………………………………………
…………………………………………………………………………………
…………………………………………………………………………………
…………………………………………………………………………………
…………………………………………………………………………………
…………………………………………………………………………………
…………………………………………………………………………………

Prévoir : …………………………………………………………………
…………………………………………………………………………………
…………………………………………………………………………………

TITRE : ……………………………………………………………………

Date : ………. / ………. / ……….

Lieu : …………………………………………………………………………..

Coordonnées GPS : ……………………………………………………

………………………………………………………………………………….

Moyens : à pied, vélo, moto, cheval, voiture, bateau, avion, train, car, autres …………………………………………………………………………

Avec qui : ………………………………………………………………….

………………………………………………………………………………….

Durée prévue : ……………………… Réalisée : ……………………

Trajet prévu : …………………………………………………………….

………………………………………………………………………………….

Trajet réalisé : ……………………………………………………………

………………………………………………………………………………….

Météo : ……………………………………………………………………..

Adresses Logis/Resto : ………………………………………………..

………………………………………………………………………………….

………………………………………………………………………………….

Comment avez-vous eu connaissance de cette balade :

………………………………………………………………………………….

Note : ………./……….

A voir : ……………………………………………………………………
……………………………………………………………………………
……………………………………………………………………………
……………………………………………………………………………
……………………………………………………………………………
……………………………………………………………………………
……………………………………………………………………………
……………………………………………………………………………

Anecdotes : ………………………………………………………………
……………………………………………………………………………
……………………………………………………………………………
……………………………………………………………………………
……………………………………………………………………………
……………………………………………………………………………
……………………………………………………………………………
……………………………………………………………………………

Prévoir : …………………………………………………………………
……………………………………………………………………………
……………………………………………………………………………

TITRE : ....

Date : .... / .... / ....

Lieu : ....

Coordonnées GPS : ....

....

Moyens : à pied, vélo, moto, cheval, voiture, bateau, avion, train, car, autres ....

Avec qui : ....

....

Durée prévue : .... Réalisée : ....

Trajet prévu : ....

....

Trajet réalisé : ....

....

Météo : ....

Adresses Logis/Resto : ....

....

....

Comment avez-vous eu connaissance de cette balade :

....

Note : ..../..........

A voir : ……………………………………………………………………………
……………………………………………………………………………………
……………………………………………………………………………………
……………………………………………………………………………………
……………………………………………………………………………………
……………………………………………………………………………………
……………………………………………………………………………………
……………………………………………………………………………………

Anecdotes : ………………………………………………………………………
……………………………………………………………………………………
……………………………………………………………………………………
……………………………………………………………………………………
……………………………………………………………………………………
……………………………………………………………………………………
……………………………………………………………………………………
……………………………………………………………………………………

Prévoir : …………………………………………………………………………
……………………………………………………………………………………
……………………………………………………………………………………

TITRE : ....

Date : ………. /………. /……….

Lieu : ....

Coordonnées GPS : ....

....

Moyens : à pied, vélo, moto, cheval, voiture, bateau, avion, train, car, autres ....

Avec qui : ....

....

Durée prévue : ……………………… Réalisée : ……………………

Trajet prévu : ....

....

Trajet réalisé : ....

....

Météo : ....

Adresses Logis/Resto : ....

....

....

Comment avez-vous eu connaissance de cette balade :

....

Note : ………./……….

A voir : ……………………………………………………………………………
………………………………………………………………………………………
………………………………………………………………………………………
………………………………………………………………………………………
………………………………………………………………………………………
………………………………………………………………………………………
………………………………………………………………………………………
………………………………………………………………………………………

Anecdotes : ………………………………………………………………………
………………………………………………………………………………………
………………………………………………………………………………………
………………………………………………………………………………………
………………………………………………………………………………………
………………………………………………………………………………………
………………………………………………………………………………………
………………………………………………………………………………………

Prévoir : …………………………………………………………………………
………………………………………………………………………………………
………………………………………………………………………………………

TITRE : ....

Date : ………. /………. /……….

Lieu : ....

Coordonnées GPS : ....

....

Moyens : à pied, vélo, moto, cheval, voiture, bateau, avion, train, car, autres ....

Avec qui : ....

....

Durée prévue : ………………………… Réalisée : …………………………

Trajet prévu : ....

....

Trajet réalisé : ....

....

Météo : ....

Adresses Logis/Resto : ....

....

....

Comment avez-vous eu connaissance de cette balade :

....

Note : ………./……….

A voir : ……………………………………………………………………………
……………………………………………………………………………………
……………………………………………………………………………………
……………………………………………………………………………………
……………………………………………………………………………………
……………………………………………………………………………………
……………………………………………………………………………………
……………………………………………………………………………………
Anecdotes : ………………………………………………………………………
……………………………………………………………………………………
……………………………………………………………………………………
……………………………………………………………………………………
……………………………………………………………………………………
……………………………………………………………………………………
……………………………………………………………………………………
……………………………………………………………………………………
Prévoir : …………………………………………………………………………
……………………………………………………………………………………
……………………………………………………………………………………

TITRE : ……………………………………………………………

Date : ………. /………. /……….

Lieu : ……………………………………………………………………..

Coordonnées GPS : …………………………………………………

………………………………………………………………………………..

Moyens : à pied, vélo, moto, cheval, voiture, bateau, avion, train, car, autres ……………………………………………………………………

Avec qui : …………………………………………………………….

………………………………………………………………………………

Durée prévue : ……………………… Réalisée : ……………………

Trajet prévu : …………………………………………………………

………………………………………………………………………………

Trajet réalisé : ………………………………………………………

………………………………………………………………………………

Météo : …………………………………………………………………

Adresses Logis/Resto : ……………………………………………

………………………………………………………………………………

………………………………………………………………………………

Comment avez-vous eu connaissance de cette balade :

………………………………………………………………………………

Note : ………./……….

A voir : ……………………………………………………………………………
……………………………………………………………………………………
……………………………………………………………………………………
……………………………………………………………………………………
……………………………………………………………………………………
……………………………………………………………………………………
……………………………………………………………………………………
……………………………………………………………………………………
Anecdotes : ………………………………………………………………………
……………………………………………………………………………………
……………………………………………………………………………………
……………………………………………………………………………………
……………………………………………………………………………………
……………………………………………………………………………………
……………………………………………………………………………………
……………………………………………………………………………………
……………………………………………………………………………………
Prévoir : …………………………………………………………………………
……………………………………………………………………………………
……………………………………………………………………………………

TITRE : ....

Date : ………. / ………. / ……….

Lieu : ....

Coordonnées GPS : ....

....

Moyens : à pied, vélo, moto, cheval, voiture, bateau, avion, train, car, autres ....

Avec qui : ....

....

Durée prévue : ………………………… Réalisée : ……………………………

Trajet prévu : ....

....

Trajet réalisé : ....

....

Météo : ....

Adresses Logis/Resto : ....

....

....

Comment avez-vous eu connaissance de cette balade :

....

Note : ………./……….

A voir : ……………………………………………………………………………
………………………………………………………………………………………
………………………………………………………………………………………
………………………………………………………………………………………
………………………………………………………………………………………
………………………………………………………………………………………
………………………………………………………………………………………
………………………………………………………………………………………
Anecdotes : …………………………………………………………………………
………………………………………………………………………………………
………………………………………………………………………………………
………………………………………………………………………………………
………………………………………………………………………………………
………………………………………………………………………………………
………………………………………………………………………………………
………………………………………………………………………………………
………………………………………………………………………………………
Prévoir : ……………………………………………………………………………
………………………………………………………………………………………
………………………………………………………………………………………

TITRE : ……………………………………………………………………

Date : ………. /………. /……….

Lieu : …………………………………………………………………………..

Coordonnées GPS : ………………………………………………………

……………………………………………………………………………………..

Moyens : à pied, vélo, moto, cheval, voiture, bateau, avion, train, car, autres …………………………………………………………………………

Avec qui : ……………………………………………………………………

……………………………………………………………………………………..

Durée prévue : ……………………… Réalisée : ……………………

Trajet prévu : ………………………………………………………………

……………………………………………………………………………………..

Trajet réalisé : ………………………………………………………………

……………………………………………………………………………………..

Météo : …………………………………………………………………………

Adresses Logis/Resto : ……………………………………………………

……………………………………………………………………………………..

……………………………………………………………………………………..

Comment avez-vous eu connaissance de cette balade :

……………………………………………………………………………………..

Note : ………./……….

A voir : …………………………………………………………………………………
………………………………………………………………………………………………
………………………………………………………………………………………………
………………………………………………………………………………………………
………………………………………………………………………………………………
………………………………………………………………………………………………
………………………………………………………………………………………………
………………………………………………………………………………………………

Anecdotes : ……………………………………………………………………………
………………………………………………………………………………………………
………………………………………………………………………………………………
………………………………………………………………………………………………
………………………………………………………………………………………………
………………………………………………………………………………………………
………………………………………………………………………………………………
………………………………………………………………………………………………

Prévoir : ………………………………………………………………………………
………………………………………………………………………………………………
………………………………………………………………………………………………

TITRE : ……………………………………………………………………

Date : ………. /………. /……….

Lieu : ……………………………………………………………………..

Coordonnées GPS : ……………………………………………………
……………………………………………………………………………..

Moyens : à pied, vélo, moto, cheval, voiture, bateau, avion, train, car, autres ………………………………………………………………………

Avec qui : ……………………………………………………………….
……………………………………………………………………………..

Durée prévue : ……………………… Réalisée : ………………………

Trajet prévu : ………………………………………………………….
……………………………………………………………………………..

Trajet réalisé : ………………………………………………………….
……………………………………………………………………………..

Météo : ………………………………………………………………….

Adresses Logis/Resto : ……………………………………………….
……………………………………………………………………………..
……………………………………………………………………………..

Comment avez-vous eu connaissance de cette balade :

……………………………………………………………………………..

Note : ………./……….

A voir : ……………………………………………………………………………
………………………………………………………………………………………
………………………………………………………………………………………
………………………………………………………………………………………
………………………………………………………………………………………
………………………………………………………………………………………
………………………………………………………………………………………
………………………………………………………………………………………

Anecdotes : ………………………………………………………………………
………………………………………………………………………………………
………………………………………………………………………………………
………………………………………………………………………………………
………………………………………………………………………………………
………………………………………………………………………………………
………………………………………………………………………………………
………………………………………………………………………………………

Prévoir : …………………………………………………………………………
………………………………………………………………………………………
………………………………………………………………………………………

TITRE : ....

Date : ………. /………. /……….

Lieu : ....

Coordonnées GPS : ....

....

Moyens : à pied, vélo, moto, cheval, voiture, bateau, avion, train, car, autres ....

Avec qui : ....

....

Durée prévue : ……………………… Réalisée : ……………………….

Trajet prévu : ....

....

Trajet réalisé : ....

....

Météo : ....

Adresses Logis/Resto : ....

....

....

Comment avez-vous eu connaissance de cette balade :

....

Note : ………./………

A voir : ....
....
....
....
....
....
....
....
Anecdotes : ....
....
....
....
....
....
....
....
....
Prévoir : ....
....
....

TITRE : ....

Date : ………. /………. /……….

Lieu : ....

Coordonnées GPS : ....

....

Moyens : à pied, vélo, moto, cheval, voiture, bateau, avion, train, car, autres ....

Avec qui : ....

....

Durée prévue : ……………………… Réalisée : …………………….

Trajet prévu : ....

....

Trajet réalisé : ....

....

Météo : ....

Adresses Logis/Resto : ....

....

....

Comment avez-vous eu connaissance de cette balade :

....

Note : ………./……….

A voir : ……………………………………………………………………………
……………………………………………………………………………………
……………………………………………………………………………………
……………………………………………………………………………………
……………………………………………………………………………………
……………………………………………………………………………………
……………………………………………………………………………………
……………………………………………………………………………………
Anecdotes : ………………………………………………………………
……………………………………………………………………………………
……………………………………………………………………………………
……………………………………………………………………………………
……………………………………………………………………………………
……………………………………………………………………………………
……………………………………………………………………………………
……………………………………………………………………………………
……………………………………………………………………………………
Prévoir : ……………………………………………………………………
……………………………………………………………………………………
……………………………………………………………………………………